The small Globetrotter /
Le petit Routard

My first trip to Mauritius /
Mon tout premier voyage à l'île Maurice

N. GOBIN

Copyright © 2015 N. Gobin

All rights reserved.

N.Gobin
Adunistrasse 1,
81369 München, DE

ISBN: 1532717318
ISBN-13: 978-1532717314

DEDICATION / DEDICACE

To my niece Colette and all the children who grow up bilingual.

Pour ma nièce Colette et pour tous les enfants bilingues.

CONTENTS / CONTENU

Acknowledgements / Remerciements 7

Introduction / Introduction 9

At the airport / A l'aéroport 11

Landing / L'atterrissage 13

The capital / La capitale 15

At the beach / A la plage 17

The coconut tree / Le cocotier 19

Le coconut seller / Le vendeur de cocos 21

Breakfast / Le petit déjeuner 23

About the author / A propos de l'auteur 25

ACKNOWLEDGEMENTS / REMERCIEMENTS

I would like to thank my family and my friends for their support and everyone who have directly or indirectly contributed to this book.

J'aimerais remercier ma famille et mes amis pour leur soutien aussi bien que tous ceux qui ont contribué à l'achèvement de ce livre.

It is Monday but I have no school.
It is holiday time!
Mummy and Daddy have a surprise for me.
We go to a tropical island where coconuts grow.

Coconut is a fruit.
It is brown on the outside
and white on the inside.
In the middle there is water.

C'est lundi mais je n'ai pas d'école.
Ce sont les vacances!
Maman et papa ont une surprise pour moi.
On va sur une île tropicale où il y a des noix de coco.

Les noix de coco sont des fruits.
L'extérieur est de couleur marron
et à l'intérieur c'est tout blanc.
Au milieu on y trouve de l'eau.

THE SMALL GLOBETROTTER / LE PETIT ROUTARD

On Tuesday we go to the airport.
After a long wait, we finally board
the plane.

I watch a movie on the small screen.
Then we are all tired and fall
asleep.

Mardi on va à l'aéroport.
Après une longue attente, on est enfin
dans l'avion.

Je regarde un film sur un petit écran.
Ensuite, comme je suis fatigué,
je dors.

THE SMALL GLOBETROTTER / LE PETIT ROUTARD

When we wake up it is Wednesday.
The plane is landing and the
sun is shining.

The flight attendants say,
'Welcome to Mauritius!'

Quand je me réveille, c'est déjà mercredi.
L'avion atterrit et le soleil brille.

Le personnel à bord nous souhaite:
'Bienvenue à l'île Maurice!'

THE SMALL GLOBETROTTER / LE PETIT ROUTARD

N. GOBIN

On Thursday we walk in Port Louis, the capital.	Jeudi nous allons à Port louis, la capitale.
The people come from all corners of the world.	Les gens viennent des quatre coins du monde.
They all live happy together.	Ils vivent heureux tous ensemble.
They speak English, French and Creole.	Ils parlent l'anglais, le français et le créole.

THE SMALL GLOBETROTTER / LE PETIT ROUTARD

N. GOBIN

On Friday we go to the beach.
The sand is soft and white.
The sea is clear and blue.

Daddy puts sunscreen on me.
Now I can splash and play in the water!

Vendredi nous allons à la plage.
Le sable est fin et blanc.
La mer est bleue et claire.

Papa met de la crème solaire sur moi.
Maintenant je peux sauter et jouer dans l'eau!

THE SMALL GLOBETROTTER / LE PETIT ROUTARD

Afterwards we sit under a very tall tree.
It seems to reach the sky.
It has broad branches.

And there on top... a coconut!
'Yeah!'

Plus tard je m'assois sous un grand arbre.
Ça donne l'impression de toucher le ciel.
Les branches sont énormes.

Et là-bas, tout en haut... une noix de coco!
'Youpi!'

THE SMALL GLOBETROTTER / LE PETIT ROUTARD

On Saturday we go to the beach again.
This time we walk to the coconut
seller.
Mummy gives him some money,
then she chooses a coconut.

The man takes a sharp knife.
He lifts it up and 'Crack!' cuts
the coconut.
I touch it and the brown shell
is hard.
Inside, it is soft and white.

Samedi nous voilà de nouveau à la plage.
Mais cette fois ci, nous allons vers
le vendeur de cocos.
Maman tend de la monnaie
et elle choisit une jolie noix.

L'homme prend un grand sabre.
Il le soulève et 'Crac!' découpe
la noix.
Je la touche et la coque est dure.
À l'intérieur c'est doux et tout
blanc.

THE SMALL GLOBETROTTER / LE PETIT ROUTARD

N. GOBIN

On Sunday we have a nice breakfast.

On the table is freshly cut coconut,
coconut jam from the market,
and coconut water.

'Mmmh, how delicious! What a journey!'

Le dimanche on prend le petit déjeuner.

Sur la table il y a des tranches de coco,
de la confiture de coco du marché et
de l'eau de coco toute fraîche.

'Miam, c'est un délice! Quel voyage!'

THE SMALL GLOBETROTTER / LE PETIT ROUTARD

The End

Fin

ABOUT THE AUTHOR / À PROPOS DE L'AUTEUR

N. Gobin grew up in a bilingual environment on the island of Mauritius. She studied social science and psychology in Switzerland and works with children in a bilingual institution in Germany. She rapidly developed an interest in dual language education and thereof the motivation to write books for children. Further information on **www.ngobin.com**

N. Gobin grandit dans un environnement bilingue à l'île Maurice. Elle complète ses études en sciences sociales et en psychologie en Suisse et travaille par la suite dans une institution bilingue en Allemagne. Elle s'intéresse très vite à l'enseignement bilingue et dans l'ouvrage des livres pour enfants. Pour plus de renseignements, **www.ngobin.com**

15072700R00017

Printed in Poland
by Amazon Fulfillment
Poland Sp. z o.o., Wrocław